TESTAMENTO POLITICO

BENITO MUSSOLINI

Copyright © 2019 All rights reserved.
Quest'opera è tutelata dalla Legge sul diritto d'autore.
Ogni riproduzione, anche parziale, è reato perseguito.

INDICE

PREFAZIONE A QUESTA EDIZIONE 4

PREFAZIONE DEL 1948 5

20 APRILE 1945 8

FOTO CON DEDICA 28

DATTILOSCRITTO 29

NOTE 40

PREFAZIONE A QUESTA EDIZIONE

La volontà di ristampare la prima edizione del 1948 e riproporla con la copertina del tempo, è nata dal desiderio di riprodurre un documento fedele che nulla tolga o aggiunga alle parole del suo autore, Benito Mussolini, e al giornalista cui concesse la sua ultima intervista, Gian Gaetano Cabella.

Per la stessa ragione, sono presenti le copie fotostatiche del dattiloscritto e della foto con dedica: sebbene di scarsa leggibilità e di una qualità povera, sono parte integrante del documento proprio come fu edito allora. Gli originali del dattiloscritto e della foto con dedica autografa, gelosamente custoditi in una collezione privata, sono oggetto di trattative.

L'aggiunta delle poche e brevi note a questa ristampa, identificano personaggi e date citati nel documento: superflue per gli storici allenati, possono essere spunto per approfondire la conoscenza.

Buona lettura.

PREFAZIONE DEL 1948

È risaputo che quando fu arrestato a Dongo, Mussolini aveva presso di sé una grossa borsa di cuoio contenente preziosi documenti. Essi erano tali da interessare la storia degli ultimi anni; ma, almeno fino a questo momento, la storia li ignora. Forse debbono considerarsi perduti, poiché quella borsa scomparve, né risulta sia mai stata trovata.

Fino a quando non sia stato rinvenuto (lo sarà mai?) il carteggio personale e riservatissimo che Mussolini portava con sé e che dovette abbandonare (non si sa dove, né come) dopo il suo arresto sulla riva occidentale del Lago di Como; fino a quel giorno avranno un acuto interesse e un valore documentario eccezionale le parole, gli scritti, le dichiarazioni, le confessioni, che egli fece, dettò, espose, o fornì verbalmente nell'ultima decade della sua esistenza e, particolarmente, fra il 20 aprile del 1945 e quel drammatico pomeriggio del sabato 28 aprile, ore 16, in cui egli e la signora Clara Petacci, dopo avere dormito l'ultimo loro sonno a Germasino di Mezzegra, vennero fucilati.

Mussolini aveva molte cose da dire. I giornali, i testimoni, le numerose interviste con partigiani del tempo, sono concordi nel riferire ciò che l'ex capo della Repubblica Sociale, già condannato a morte, avrebbe detto proprio a Mezzegra: "voglio parlare un'ultima volta al mondo, prima di morire. Sono stato tradito nove volte. La decima, sono stato tradito da Hitler".

È noto che egli non ebbe modo di parlare come desiderava e voleva. Quali pensieri gli facevano invocare quest'ultimo colloquio con gli uomini? Li ignoravamo fino a ieri. Oggi, non più.

E non perché siano stati ritrovati i documenti che Mussolini portava con sé nella famosa borsa di cuoio, prima dell'arresto; ma perché è venuto alla luce quello che si può a giusto titolo chiamare il testamento di Mussolini.

Nessun dubbio, a tale proposito. Le sue ultime parole non solo vennero scritte sotto la sua dettatura; ma Mussolini stesso, due giorni dopo la definitiva stesura delle cartelle dattiloscritte, volle rivederle, volle personalmente correggerle; Infine, volle siglare tutto il dattiloscritto con la sua ben conosciuta inconfondibile M.

L'estensore manuale di quelle dichiarazioni, che furono a lui dettate, il fortuito raccoglitore delle idee, della volontà, dell'estrema disperata difesa di Mussolini si era impegnato a non rendere noto il contenuto di quelle carte se non tre anni dopo la morte di Mussolini stesso. E questo, come si vedrà, per esplicita volontà di Mussolini.

Ecco perché solo ora, trascorsi tre anni da quel tragico 28 aprile 1945, il depositario degli ultimi pensieri di Mussolini si è fatto vivo, ritenendosi giustamente sciolto dell'obbligo del silenzio.

Il documento ha la forma di un'intervista; intervista che Mussolini concesse nel suo studio presso la prefettura di Milano a Gian Gaetano Cabella, direttore del Popolo di Alessandria, nel pomeriggio del 20 aprile 1945 e che, come si è detto, rivide attentamente il giorno 22 aprile, cioè sei giorni prima della morte.

Superfluo rilevare che questa non è un'intervista delle solite. Si tratta di dichiarazioni assolutamente eccezionali, fatte nel momento in cui Mussolini aveva la coscienza del crollo e della sua stessa fine imminente. Egli stesso del resto, come si vedrà, definì quella intervista un testamento.

Quando il giornalista di sua fiducia gliela riportò il 22 aprile, gli avvenimenti già precipitavano con ritmo che non consentiva più illusioni. Gli anglo-americani si erano avvicinati vittoriosi alla linea del Po. Ogni speranza in una qualsiasi resistenza svaniva, tanto per l'esercito tedesco, quanto per i fascisti. Nell'ampia cerchia limitata dall'arco alpino, già echeggiava il sinistro *si salvi chi può*. Perciò Mussolini ebbe la visione, forse ancora nebulosa ma non per questo meno drammatica, della prossima fine. E ciò spiega la consegna impartita al fedele dell'ultima ora: "se io muoio, non dovete divulgare quanto rimetto nelle vostre mani se non quando saranno passati tre anni dalla mia morte".

L'importanza storica e umana del documento è eccezionale. È un estremo appello alla posterità quello che Benito Mussolini dettò il giorno 20 e corresse il 22 aprile 1945 nella saletta della prefettura di Milano.

Chi scrive è il giornalista Gian Gaetano Cabella, ex direttore del Popolo di Alessandria, giornale che nel 1944 si pubblicò anche a Milano in un'edizione destinata alla Lombardia.

Nell'aprile del 1945 il Cabella, non appena seppe che Mussolini, proveniente da Villa Feltrinelli sul Garda, era arrivato a Milano, chiese e ottenne un'udienza dal capo della Repubblica Sociale.

Lasciamo al Cabella il compito di narrare egli stesso le varie fasi dell'intervista. Cominciò come una delle tante conversazioni che Mussolini aveva non di rado con questo o con quel direttore di giornale. Ma ben presto l'intervista assunse una portata eccezionale: sia perché fu l'ultima che Mussolini concesse, sia perché egli stesso volle rivederla, completarla, correggerla, annotarla, nella sua redazione definitiva.

20 APRILE 1945

Fu il ministro Zerbino[1] che il 19 aprile mi comunicò l'invito. Mussolini mi avrebbe ricevuto l'indomani, in prefettura. Feci subito rilegare i numeri del giornale: tutta l'edizione milanese dal settembre 1944 fino all'ultimo numero, uscito con la data del 21 aprile 1945. Volevo offrire al Duce l'intera collezione, insieme coi prospetti e grafici della tiratura del *Popolo*, che da 18 mila copie stampate e 16 mila vendute nel primo anno di vita, era ora asceso a 270 mila copie tirate e vendute, senza contare i numeri speciali che avevano ottenuto un successo anche maggiore. Le richieste, negli ultimi tempi, superavano la tiratura.

Molti camerati mi consegnarono scritti e messaggi da presentare al Duce. Divisi queste carte in tre gruppi: quelle che gli avrei dato in ogni caso; quelle meno importanti; quelle che avrei consegnato solamente se il colloquio si fosse svolto in modo particolarmente favorevole.

Preparai anche una breve relazione delle lunghe trattative che avevo condotto con elementi partigiani, i quali, in un primo tempo, mi avevano scritto invitandomi a prendere contatto con alcuni loro rappresentanti. Avevo accettato senz'altro questo abboccamento che avvenne il 7 febbraio a Rondissone, vicino a Torino: incontro interessante sotto molti rapporti che permise utili intese nell'interesse superiore del Paese.

Alle 14:30 del 20 aprile ero in prefettura.

Nella prima sala d'aspetto passeggiavano e discorrevano ufficiali e gerarchi. Il prefetto, capo della Segreteria Particolare, attraversava spesso la sala che divideva lo studio di Mussolini dal suo ufficio. Nel secondo salone c'erano il colonnello Colombo, comandante della Muti[2] con il vice comandante e altri. Alle 15 giunsero il comandante Borghese[3] accompagnato da alcuni ufficiali, e il Capo di Stato Maggiore della Guardia Nera Repubblicana.[4] Il ministro Fernando Mezzasoma[5] parlava con un gruppo di giornalisti, fra i quali ricordo Daquanno, Amicucci, Guglielmotti. Si unì al gruppo, poco dopo, anche Vittorio Mussolini.

Un'apparente serenità regnava fra quelle persone e specialmente nella prima sala c'era il più discreto silenzio. Un ufficiale delle SS germaniche passeggiava fumando. Il servizio di guardia era limitato al portone di ingresso del palazzo del governo e a due sentinelle armate (una SS tedesca e un milite della Guardia) alla postierla della scaletta che dal cortile conduceva all'appartamento occupato dal Duce e dai membri del governo.

Alle 15:20 giunse il questore che parlò col prefetto Bassi. Poco dopo uscì dallo studio del Duce il personaggio che vi stava già da 20 minuti; ma non ricordo chi fosse. Forse Pellegrini.[6] Entrò un usciere che chiuse la porta dietro di sé; ma non tanto velocemente da impedirmi di scorgere Mussolini seduto dietro una piccola scrivania. Nel frattempo, mi aveva raggiunto il mio redattore capo, già direttore di *Leonessa*, settimanale della federazione bresciana: il sottotenente dei bersaglieri Galileo Lucarini Simonetti.

Finalmente, la porta del Duce si aprì. L'usciere disse forte il mio nome. Mi precipitai dentro. Deposi i pacchi sopra una sedia alla mia destra, salutai sull'attenti. Mussolini mi accolse con un sorriso. Si alzò e si avvicinò a me.

Subito osservai che Mussolini stava benissimo in salute, contrariamente alle voci che correvano. Stava infinitamente meglio dell'ultima volta che l'avevo visto. Fu nel novembre del 1944, in occasione del suo discorso al Lirico. Le volte precedenti che mi aveva ricevuto, nel febbraio nel marzo e nell'agosto del '44, non mi era mai apparso così florido come ora. Il colorito appariva sano e abbronzato; gli occhi vivaci, svelti i suoi movimenti. Era anche leggermente ingrassato. Perlomeno, era scomparsa quella magrezza che mi aveva tanto colpito nel febbraio dell'anno avanti e che dava al suo volto un aspetto scarno, quasi emaciato. Quel ricordo, dinanzi a un uomo ora tanto diverso, sì dileguò immediatamente dalla mia memoria.

Egli indossava una divisa grigio verde senza decorazioni nè gradi. Lasciò grossi occhiali sul tavolo, sopra un foglio pieno

di appunti a matita azzurra. Notai che il tavolo era piccolo: molti fascicoli erano stati collocati sopra un tavolino vicino. Alcuni giacevano perfino in terra, presso la finestra. M'è rimasta l'impressione visiva che sulla scrivania, in un vaso di cristallo, ci fosse una rosa rossa; ma non potrei garantire l'esattezza di questo particolare. Sopra una sedia, scorsi tre borse porta documenti: due in cuoio grasso, una di pelle giallo scura.
Mussolini mi posò la destra sulla spalla e mi chiese: "cosa mi portate di bello?"
Queste le prime parole che già mi aveva dette quattordici mesi prima, benché con altro tono: un tono più lento, con voce più bassa e stanca.
Non seppi rispondere lì per lì. Come al solito, e come succedeva a molti davanti a lui, mi sentii alquanto disorientato e dopo una breve esitazione risposi che ero felice di vederlo, e che gli portavo la raccolta del giornale.
Mi batté la mano sulla spalla. Fissandomi, mi disse:
-Vi elogio per quanto avete fatto per il consolidamento della Repubblica Sociale. Pavolini[7] mi ha riferito del vostro discorso a Torino per il 23 marzo e del successo che avete ottenuto. Non vi sapevo anche oratore.
Gli offersi la raccolta del giornale e gli mostrai i grafici della diffusione, della vendita, delle lettere ricevute. Gli consegnai diversi scritti di fascisti, di combattenti, di giovanissimi. Mi fu largo di elogi, specialmente per i tre numeri speciali, ricchi di illustrazioni, dedicati a Stellassa (Umberto di Savoia), a Pupullo (Badoglio) e a Bazzetta (Vittorio Emanuele III).
Sfogliò la raccolta, soffermandosi su alcuni numeri. Rise.
-I tre numeri illustrati per Bazzetta, Pupullo e Stellassa- mi disse -sono fatti veramente bene. Mi hanno divertito. Che tiratura hanno avuto?
-Duecentosettantamila copie vendute. Per mancanza di carta non ho potuto far fronte alle trecentottantamila richieste…
-Avrete la carta che vi occorre…
Prese la matita e stando in piedi tracciò qualche nota su un foglio di appunti.

Allora mi feci animo e gli esposi il caso disgraziato di due camerati bolognesi. Il suo volto si rattristò.
-Farò aver loro diecimila lire. Va bene?
Volle sapere i nomi e gli indirizzi. Li scrisse egli stesso negli appunti. Poi mi chiese:
-Desiderate qualcosa da me?
Dopo un momento di perplessità risposi:
-Il mio premio l'ho già avuto: è stato l'elogio che avete voluto farmi. Oso troppo se vi chiedo una dedica?
Gli mostrai una grande fotografia. La fissò un attimo, scosse il capo. Evidentemente non era troppo soddisfatto dell'immagine. Poi tornò al tavolo, si sedette, prese la penna e scrisse: *a Gian Gaetano Cabella, pilota del Popolo di Alessandria, con animo della vecchia guardia. B. Mussolini, 20 Aprile XXIIII.*[8]
Posò la penna. Volle vedere i grafici. La tiratura del giornale era descritta da un diagramma. Vi era tracciata una linea ascendente con leggere contrazioni qua e là.
-A che cosa attribuite queste diminuzioni di vendita?
-Credo che occorra ogni tanto, specie dopo numeri di grande rilievo esteriore, fare uscire qualche numero pallido, senza forti titoli.
Esposi poi brevemente i criteri che seguivo e che mi parevano giusti, quindi soggiunsi:
-Mi siete stato maestro. Conservo la raccolta dell'*Avanti!* e quella del *Popolo d'Italia.*[9]
Mussolini scosse la testa, stette un attimo pensoso e osservò:
-Si nasce giornalisti come si nasce compositori o tecnici. Creare il giornale è come conoscere la gioia della maternità. Il criterio di non monotizzare è giusto. Non si può dare un concerto con soli tromboni e grancasse. Il pubblico dopo i primi istanti di sbalordimento, finirebbe con l'abituarsi. Vedo che siete anche un abile amministratore. Siete genovese…
Sì soffermo sul grafico che riguardava la corrispondenza ricevuta dal pubblico, lettori e lettrici e osservò:
-Molte lettere anonime, vedo.
-Ricevo al giornale circa un dieci per cento di anonime. Però quando le vicende dell' Asse vanno meglio, le lettere anonime diminuiscono.

Gli dissi anche che in Alessandria avevo appiccicato le più divertenti a una parete. Mussolini sorrise:
-Ho visto le fotografie della vostra redazione.
-Nel mese di marzo- precisai -su 2785 lettere ricevute, 360 sono state anonime.
-Oltre 2400 lettere non anonime in un mese: sono moltissime. Fate rispondere?
Gli dissi che rispondevo personalmente a tutti, nella rubrica *il direttore risponde* e in gran parte direttamente.
-Ho constatato che così facendo, si ottiene una grande pubblicità. Chi riceve, specie in un piccolo centro, una lettera personale del direttore, la fa vedere a più persone. Automaticamente diventa un fedele propagandista.
Mussolini prese il pacchetto delle lettere che gli avevo portato insieme con le altre cose. Gli feci osservare che avevo diviso le missive in tre gruppi. Volle tenerle tutte.
-Se avrò tempo, le leggerò stasera.
Intanto aprì tre lettere che avevo messo più in vista: una di una signora che abitava presso Torino; un'altra di un giovane volontario, Puni, di Torino; la terza di una personalità Ligure.
-Ringrazierete la signora e il ragazzo. Lasciatemi l'altra: farò rispondere direttamente: avete qualcosa ancora da dirmi?
-Ho due collaboratori, un fascista e un vecchio socialista fiorentino…
Mussolini mi disse subito i nomi di entrambi e aggiunse:
-Fate loro i miei elogi. Dite loro che leggo gli articoli che scrivono, con interesse.
Ebbi l'impressione che l'udienza fosse per finire. Mussolini aveva riaperto la raccolta del giornale e, in ultimo, aveva trovato le copie del giornale *Il Monarchico*, che avevo stampato alla macchia facendo finta fosse l'organo di un gruppo monarchico *C. Cavour* di Torino, e una copia del *Grido di Spartaco*, che anche avevo stampato clandestinamente. Mussolini rise ed esclamò:
-Mi sono piaciuti. Anche per questo lavoro vi elogio.
Allora mi feci animo:
-Duce, permettete che vi rivolga qualche domanda?

Mussolini si alzò. Mi avvicinò e guardandomi negli occhi, con un accento e un'espressione che non dimenticherò mai, mi chiese d'improvviso:
-Intervista o testamento?
A quella domanda inaspettata rimasi esterrefatto. Non seppi cosa rispondere. Non sfuggì la mia emozione a Mussolini che cercò di dissipare la mia confusione con un sorriso bonario.
-Sedetevi qui. Ecco una penna e della carta. Sono disposto a rispondere alle domande che mi farete.
In preda a una grande agitazione, mi sedetti alla sua sinistra. La sua mano era vicino alla mia. Molte idee mi si affollavano nella mente ma tutte imprecise. Finalmente formulai una domanda assai generica:
-Qual è il vostro pensiero, quali sono i vostri ordini, in questa situazione?

Invece di ordini *dissi* disposizioni; *ma siccome nel testo dell'intervista che il giorno dopo Mussolini rivide, corresse e siglò, sta scritto ordini, lascio l'espressione che egli stesso approvò. Debbo aggiungere che quantunque io abbia preso nota con la maggiore attenzione possibile, di quanto Mussolini mi andava dicendo, non ho potuto nelle giornate che seguirono il colloquio, riferirlo con esattezza minuta e rigorosa. Solo a distanza di tempo, oggi, ricordo bene; con assoluta precisione. Perciò posso completare ciò che non mi fu possibile allora. Ecco il perché di queste note e delle note che seguiranno.*

Alla mia domanda, Mussolini a sua volta domandò:
-Voi cosa fareste?
Debbo aver accennato un gesto istintivo di sorpresa. Mussolini mi toccò il braccio e sorrise di nuovo:
-Non vi stupite. Faccio questa domanda a tutti. Desidero sentire il vostro parere.
-Duce, non sarebbe bello formare un quadrato attorno a voi e al gagliardetto dei Fasci e aspettare, con le armi in pugno, i nemici? Siamo in tanti, fedeli, armati...
-Certo, sarebbe la fine più desiderabile... ma non è possibile fare sempre ciò che si vuole. Ho in corso delle trattative. Il

cardinale Schuster[10] fa da intermediario. Non sarà versata una goccia di sangue.

Veramente disse: "ho l'assicurazione che non sarà versata una goccia di sangue".

Un trapasso di poteri. Per il Governo, il passaggio fino in Valtellina, dove Onori[11] sta preparando gli alloggiamenti. Andremo anche noi in montagna per un po' di tempo.
Osai interromperlo:
-Vi fidate, Duce, del cardinale?
Mussolini alzò gli occhi e fece un gesto vago con le mani.
-È viscido. Ma non posso dubitare della parola di un ministro di Dio. È la sola strada che debbo prendere. Per me è comunque finita. Non ho più il diritto di esigere sacrifici dagli Italiani.
-Ma noi vogliamo seguire la vostra sorte...
-Dovete ubbidire. la vita dell'Italia non termina in questa settimana o in questo mese. L'Italia si risolleverà. È questione di anni, di decenni forse. Ma risorgerà e sarà di nuovo grande, come l'avevo voluta io.
Dopo una brevissima pausa continuò:
-Allora sarete ancora utili per il Paese. Trasmetterete ai figli e ai nipoti la verità della nostra idea, quella verità che è stata falsata, svisata, camuffata da troppi cattivi, da troppi malvagi, da troppi venduti e anche da qualche piccola aliquota di illusi.

Forse Mussolini non disse troppi. Ho l'impressione che dicesse solo malvagi e venduti. Quando rilesse le righe che seguono, le segnò a lato; e fece un gesto con la testa come per farmi comprendere che l'espressione non gli era troppo piaciuta. Tuttavia non la cancellò.

La sua voce aveva i toni metallici che tante volte avevo udito nei suoi discorsi. Poi, con fare più pacato, continuò:
-Dicono che ho errato, che dovevo conoscere meglio gli uomini, che ho perduto la testa, che non dovevo dichiarare guerra alla Francia e all'Inghilterra. Dicono che mi sarei dovuto ritirare nel 1938. Dicono che non dovevo fare questo

e che non dovevo fare quello. Oggi è facile profetizzare il passato.
Ho una documentazione che la storia dovrà compulsare per decidere. Voglio solo dire che, a fine maggio e ai primi di giugno del 1940 se critiche venivano fatte erano per gridare allo scandalo di una neutralità definita ridicola, impolitica, sorprendente. La Germania aveva vinto. Noi non solo non avremmo avuto alcun compenso; ma saremmo stati certamente, in un periodo di tempo più o meno lontano, invasi e schiacciati.

Mussolini mi disse di far risaltare che le frasi da lui sottolineate riguardavano i discorsi della gente. Egli stesso sottolineò con un segno più forte l'espressione la Germania aveva vinto, *con tutto ciò che segue.*

E cosa fa Mussolini? Quello si è rammollito. Un'occasione d'oro così non si sarebbe mai più presentata. Così dicevano tutti e specialmente coloro che adesso gridano che si doveva rimanere neutrali e che solo la mia megalomania e la mia libidine di potere e la mia debolezza nei confronti di Hitler aveva portato alla guerra.
La verità è una: non ebbi pressioni da Hitler. Hitler aveva già vinto la partita continentale. Non aveva bisogno di noi. Ma non si poteva rimanere neutrali se volevamo mantenere quella posizione di parità con la Germania che fino allora avevamo avuto.
I patti con Hitler erano chiarissimi. Ho avuto e ho per lui la massima stima. Bisogna distinguere fra Hitler e alcuni suoi uomini più in vista…
Ho parlato sempre col Fuhrer della sistemazione dell'Europa e dell'Africa. Non abbiamo mai avuto divergenze di idee. Già all'epoca delle trattative per lo sgombero dell'Alto Adige, controprova indiscutibile delle sue oneste e solidali intenzioni, il Fuhrer dimostrò buon volere e comprensione.
La sistemazione dell'Europa avrebbe dovuto attuarsi in questo modo: l'Europa divisa in due grandi zone di influenza: nord e nordest influenza germanica; sud, sud-est e sud-ovest

influenza italiana. Cento e più anni di lavoro per la sistemazione di questo piano gigantesco. Comunque, cento anni di pace e di benessere. Non dovevo forse vedere con speranza e con amore una soluzione di questo genere e di questa portata?

In cento anni di educazione fascista e di benessere materiale, il popolo italiano avrebbe avuto la possibilità di ottenere una forza di numero e di spirito tale, da controbilanciare efficacemente quella oggi preponderante della Germania.

Una forza di trecento milioni di europei, di veri europei, perché mi rifiuto di definire europei gli agglomerati balcanici e quelli di certe zone della Russia anche nelle stesse vicinanze della Vistola; una forza materiale e spirituale da manovrare verso l'eventuale nemico di Asia o di America.

Solo la vittoria dell'Asse ci avrebbe dato diritto di pretendere la nostra parte dei beni del mondo, di quei beni che sono in mano a pochi ingordi e che sono la causa di tutti i mali, di tutte le sofferenze e di tutte le guerre.

La vittoria delle potenze cosiddette alleate non darà al mondo che una pace effimera e illusoria.

Per questo voi, miei fedeli, dovete sopravvivere e mantenere nel cuore la fede. Il mondo, me scomparso, avrà bisogno ancora dell'Idea che è stata e sarà la più audace, la più originale è la più mediterranea ed Europea delle idee.

Non ho bluffato quando affermai che l'Idea Fascista sarà l'Idea del secolo ventesimo. Non ha assolutamente importanza un'eclissi anche di un lustro, anche di un decennio. Sono gli avvenimenti in parte, in parte gli uomini con le loro debolezze, che oggi provocano questa eclissi. Indietro non si può tornare. La storia mi darà ragione.

A questo punto Mussolini tacque. Scosse alcune volte la testa come per scacciare un pensiero molesto.

Quando, due giorni dopo gli portai il dattiloscritto di queste dichiarazioni, fece in più punti, specie là dove mi aveva parlato di una forza di trecento milioni di europei, di veri europei, alcuni segni di distacco: segni di lapis. Mi disse che avevo dimenticato molte cose importanti. Oggi le ricordo benissimo tutte.

Mussolini parla della sua presa di posizione nel 1933-34 fino ai colloqui di Stresa (aprile '35). Affermò che la sua azione non era stata interamente compresa e tanto meno seguita, né dall'Inghilterra né dalla Francia. E soggiunse: "siamo stati i soli a opporci ai primi conati espansionistici della Germania. Mandai le divisioni al Brennero ma nessun gabinetto europeo mi appoggiò. Impedire alla Germania di rompere l'equilibrio continentale ma nello stesso tempo provvedere alla revisione dei trattati; arrivare a un aggiustamento generale delle frontiere, fatto in modo da soddisfare la Germania nei punti giusti delle sue rivendicazioni e cominciare col restituirle le colonie: ecco quello che avrebbe impedito la guerra. Una caldaia non scoppia se si fa funzionare a tempo una valvola. Ma se invece la si chiude ermeticamente, esplode. Mussolini voleva la pace e questo gli fu impedito".

Dopo qualche istante di silenzio ardii chiedergli:
-Avete detto che l'eventuale vittoria dei nostri nemici non potrà dare una pace duratura. Essi nella loro propaganda affermano…
-Indubbiamente abilissima propaganda, la loro. Sono riusciti a convincere tutti. Io stesso a volte…

Mussolini sottolineò la frase io stesso a volte. E sorrise. Usò il lapis sul tavolo e sollevò due o tre volte le mani fino all'altezza delle tempie. Poi, parlando lentamente e staccando le sillabe, aggiunse: "qualunque cosa detta da loro è la verità. mi sono chiesto la ragione di questa specie di ubriacatura collettiva. Sapete cosa ho concluso?" Alzò il capo e mi fissò. E proseguì. "Ho concluso che ho sopravvalutato l'intelligenza delle masse. I dialoghi che tante volte ho avuto con le moltitudini, avevo la convinzione che le grida che seguivano le mie domande fossero segno di coscienza, di comprensione, di evoluzione. Invece era isterismo collettivo…"

Ma il colmo è che i nostri nemici hanno ottenuto che i proletari, i poveri, i bisognosi di tutto, si schierassero anima e corpo dalla parte dei plutocrati, degli affamatori, del grande capitalismo.

Mussolini ha segnato fortemente queste righe. sono convinto di non aver saputo riferire bene tutto il suo pensiero. Mi disse: "non avete detto tutto. Avete rimpicciolito la mia idea. Ne riparleremo..." invece, non ci fu più né tempo nè modo di riparlarne. Pochi giorni dopo fu Dongo, fu l'esecuzione, fu piazzale Loreto.

La vittoria degli Alleati riporterà indietro la linea del fronte delle rivendicazioni sociali. La Russia? Il capitalismo di stato russo (credo superfluo insistere sulla parola bolscevismo) è la forma più spinta e meno socialista di un ibrido capitalismo, che si può solamente sostenere in Russia, appoggiato all'ignoranza, al fatalismo e alle sotnie di cosacchi, che hanno lasciato il knut per il mitra. Questo capitalismo russo dovrà cozzare fatalmente con il capitalismo anglosassone. Sara allora che il popolo italiano avrà la possibilità di risollevarsi e di imporsi. L'uomo che dovrà giocare la grande carta...
-Sarete voi, Duce...
-Sarà un giovane. Io non sarò più. Lasciate passare questi anni di bufera. Un giovane sorgerà. Un puro. Un capo che dovrà immancabilmente agitare le idee del fascismo. Collaborazione e non lotta di classe; carta del lavoro e socialismo; la proprietà sacra fino a che non diventi un insulto alla miseria; cura e protezione dei lavoratori, specialmente dei vecchi e degli invalidi; cura e protezione della madre e dell'infanzia...

Mussolini volle sottolineare queste frasi programmatiche. Mi disse più precisamente: "onora il padre e la madre". Depose il lapis col quale segnava le correzioni sul dattiloscritto e si passò una mano sulla fronte. Poi, dopo un attimo di silenzio soggiunse: "a volte si torna indietro nel tempo. È pur grande la nostalgia del tepore sicuro del petto materno". E continuò:

Assistenza fraterna ai bisognosi; moralità in tutti i campi; lotta contro l'ignoranza e contro il servilismo verso i potenti; potenziamento, se si sarà ancora in tempo, dell'autarchia, unica nostra speranza fino al giorno utopistico della suddivisione fra tutti i popoli delle materie prime che Dio ha

dato al mondo; esaltazione dello spirito di orgoglio di essere Italiano; educazione in profondità e non, purtroppo, in superficie come è avvenuto per colpa degli avvenimenti e non per deficienza ideologica.
Verrà il giovane puro che troverà i nostri postulati del 1919 e i punti di Verona del 1943: freschi e audaci e degni di essere seguiti. Il popolo allora avrà aperto gli occhi e lui stesso decreterà il trionfo di quelle idee. Idee che troppi interessati non hanno voluto che comprendesse e apprezzasse e che ha creduto fossero state fatte contro di lui, contro i suoi interessi morali e materiali...

Anche qui Mussolini trovò che non avevo detto tutto quanto egli aveva espresso. Nella riga in cui si registravano le sue parole a proposito della utopistica suddivisione delle materie prime fra i popoli della terra, corresse un errore madornale. Arrossii. Egli se ne accorse e rise. Poi disse: "quando vi si incolpa di avere sbagliato, dite pure che Mussolini sbaglia dodici volte al giorno!" Quindi proseguì:

Abbiamo avuto diciotto secoli di invasioni e di miserie, di denatalità e di servaggio, di lotte intestine e di ignoranza. Ma, più di tutto, di miseria e di denutrizione. Venti anni di fascismo e settanta di indipendenza non sono bastati per dare all'anima di ogni Italiano quella forza occorrente per superare la crisi e per comprendere il vero. Le eccezioni, magnifiche e numerosissime non contano.
Questa crisi, cominciata nel 1939, non è stata superata dal popolo italiano. Risorgerà ma la convalescenza sarà lunga e triste, e guai alle ricadute. Io sono come il grande clinico che non ha saputo fare la cura...

Qua corresse cura. *(Io avevo scritto* diagnosi*). Ci pensò su un attimo poi aggiunse: "la diagnosi era giusta!" Mi guardò. Mi disse: "aggiungeremo qualche altra considerazione..."*

...esatta e che non ha più la fiducia dei familiari dell'importante degente. Molti medici si affollano per la successione. Molti di questi sono già conosciuti per inetti;

altri non hanno che improntitudine o gola di guadagno. Il nuovo dottore deve ancora apparire. E quando sorgerà, dovrà riprendere le ricette mie. Dovrà solo saperle applicare meglio.
Un accusatore dell'ammiraglio Persano,[12] al quale fu chiesto che colpa, secondo lui, aveva l'ammiraglio: "quella di aver perduto" rispose.
Così io. Ho qui delle tali prove di aver cercato con tutte le mie forze di impedire la guerra che mi permetto di essere perfettamente tranquillo e sereno sul giudizio dei posteri e sulle conclusioni della storia.

Nel dire ho qui tali prove, *indicò una grande borsa di cuoio. Mi sembra, delle tre, fosse quella di pelle gialla. Poi toccò una cassetta di legno.*

Non so se Churchill è come me, tranquillo e sereno. Ricordatevi bene: abbiamo spaventato il mondo dei grandi affaristi e dei grandi speculatori. Essi non hanno voluto che ci fosse data la possibilità di vivere. Se le vicende di questa guerra fossero state favorevoli all'Asse, io avrei proposto al Fuhrer, a vittoria ottenuta, la socializzazione mondiale.

Mussolini sorrise lievemente quando parlò della sua serenità e tranquillità. Sorrise di nuovo quando fece cenno a Churchill. Il sorriso si mutò in una smorfia di disprezzo allorché parlo degli affaristi e degli speculatori.

La socializzazione mondiale, e cioè: frontiere esclusivamente a carattere storico; abolizione di ogni dogana; libero commercio fra paese e paese, regolato da una convenzione mondiale; moneta unica e, conseguentemente, l'oro di tutto il mondo di proprietà comune e così tutte le materie prime, suddivise secondo i bisogni dei diversi paesi; abolizione reale e radicale di ogni armamento.[13]
Colonie: quelle evolute erette a stati indipendenti; le altre, suddivise fra quei paesi più adatti per densità di popolazione o per altre ragioni, a colonizzare e a civilizzare; libertà di

pensiero e di parola e di scritto regolate da limiti: la morale per prima cosa ha i suoi diritti.

Mussolini disse precisamente: "libertà di pensiero, di parola e di stampa? Sì, purché regolata e moderata da limiti giusti, chiaramente stabiliti. Senza di che, si avrebbe anarchia e licenza. E ricordatevi, soprattutto la morale deve avere i suoi diritti".

Ogni religione liberissima di propagandarsi: siamo stati i primi, i soli, a ridare lustro e decoro e libertà e autorità alla Chiesa cattolica. Assistiamo a questo straordinario spettacolo: la stessa Chiesa alleata ai suoi più acerrimi nemici.

Mussolini aveva dettato alla chiesa. Poi aggiunse cattolica. Quindi spiegò: "la Chiesa cattolica non vuole, a Roma, un'altra forza. La Chiesa preferisce degli avversari deboli e degli amici forti. Avere da combattere un avversario che in fondo non la possa spaventare e che le permetta di avere a disposizione degli argomenti coi quali ravvivare la fede, è indubbiamente un vantaggio". Strinse le mani assieme e proseguì: "diplomazia abile, raffinata. Ma a volte, è un gran danno fare i super furbi. Con la caduta del fascismo, la Chiesa cattolica si ritroverebbe di fronte nemici d'ogni genere: vecchi e nuovi nemici. E avrebbe cooperato ad abbattere un suo vero, sincero difensore".

Nel sud, nelle zone così dette liberate, l'anticlericalismo ha ripreso in pieno il suo turpe lavoro. L'*Asino*[14] è, in confronto a pubblicazioni di questi ultimi tempi, un bollettino parrocchiale.
Anche in questo campo, gli stessi uomini che oggi non vogliono vedere, saranno unanimi a deprecare la loro pazzia o la loro malafede. Se la vittoria avesse arriso a noi, questo programma avrei offerto al mondo e ancora una volta sarebbe stata Roma a dare la luce all'umanità.

A questo punto Mussolini tacque. Si alzò e si avvicinò alla finestra. Avevo cercato di fissare gli appunti nel modo il più esatto possibile, tenendo dietro a malapena alle sue parole, specie quando la foga del discorso gli faceva affrettare la velocità dell'espressione. Le cartelle erano ormai più di trenta. Finalmente Mussolini si distaccò dalla finestra. Si rivolse di nuovo a me e riprese:

Mi dissero che non avrei dovuto accettare, dopo l'armistizio di Badoglio e la mia liberazione, il posto di Capo dello Stato e del Governo della Repubblica Sociale. Avrei dovuto ritirarmi in Svizzera o in uno stato del sud America. Avevo avuto la lezione del 25 luglio.[15] Non bastava forse? Era libidine di potere la mia? Ora chiedo: avrei dovuto davvero estraniarmi?

Nell'esemplare del dattiloscritto dell'intervista che gli presentai l'indomani, Mussolini sottolineò energicamente le frasi interrogative.

Ero fisicamente ammalato. Potevo chiedere perlomeno un periodo di riposo. Avrei visto lo svolgersi degli avvenimenti. Ma cosa sarebbe successo?
I Tedeschi erano nostri alleati. L'alleanza era stata firmata e mille volte si era giurata reciproca fedeltà, nella buona e nella cattiva sorte. I Tedeschi, qualunque errore possano avere commesso, erano, l'otto settembre, in pieno diritto di sentirsi e calcolarsi traditi.[16]
I traditori del 1914 erano gli stessi del 1943. Avevano il diritto di comportarsi da padroni assoluti. Avrebbero senz'altro nominato un loro governo militare di occupazione. Cosa sarebbe successo? Terra bruciata. Carestia, deportazioni di massa, sequestri, moneta di occupazione, lavori forzati. La nostra industria, i nostri valori artistici, industriali, privati, tutto sarebbe stato bottino di guerra.
Ho riflettuto molto. Ho deciso ubbidendo all'amore che io ho per questa divina adorabile terra. Ho avuto precisissima la convinzione di firmare la mia sentenza di morte. Non avevo importanza più. Dovevo salvare il più possibile vite e averi, dovevo cercare ancora una volta di fare del bene al popolo d'Italia. E la moneta di occupazione, i marchi di guerra che già erano stati messi in circolazione, sono stati per mia volontà ritirati. Mi sono imposto. Ho gridato. Oggi saremmo con miliardi di carta buona per bruciare.

Invece nel sud, i governanti legali, hanno accettato le monete di occupazione. La nostra lira nel regno del sud non ha praticamente più valore. La più tremenda delle inflazioni delizia quelle regioni così dette liberate. Quando arriveranno nel nord, in questo nord che la Repubblica Sociale ha governato malgrado bombardamenti, interruzione di strade, azioni di partigiani e di ribelli, malgrado la mancanza di generi alimentari e di combustibili, in questo nord dove il pane costa ancora quanto costava diciotto mesi fa e dove si mangia alle mense del popolo anche a otto lire, quando arriveranno a liberare il nord, porteranno, con altri mali, l'inflazione. Il pane salirà a cento lire il chilo e tutto sarà in proporzione...

Credo di aver qui reso abbastanza bene il pensiero di Mussolini perché all'indomani, rileggendo queste cartelle egli approvava con frequenti cenni del capo.

Mi sono imposto e ho avuto uomini che mi hanno ubbidito. Non si è stampato che il minimo occorrente, di moneta. O però autorizzato le banche a emettere degli assegni circolari, questi tanto criticati assegni. Non sono tesaurizzabili: ecco la loro importanza. La lira-moneta automaticamente viene richiesta, acquista credito, le rendite e i consolidati sono a 120, e dobbiamo frenare un ulteriore aumento. Tutto questo, ho fatto.
Ho impedito che i macchinari venissero trasportati in Baviera. Ho cercato di far tornare migliaia di soldati deportati, di lavoratori rastrellati. Anche su questo punto occorre parlare chiaro: ho dei dati inoppugnabili.
Oltre trecentosessantamila lavoratori hanno chiesto volontariamente di andare a lavorare in Germania e hanno mandato, in quattro anni, alcuni miliardi alle famiglie.
Altri trecentoventimila operai sono stati arruolati dalla Todt.[17] Dalla Germania sono tornati oltre quattrocentomila soldati e ufficiali prigionieri, o perché hanno optato per noi, o per mio personale interessamento secondo i casi più dolorosi.
Ho impedito molte fucilazioni, anche quando erano giuste.
Ho cercato, con tre decreti di amnistia e di perdono, di

procrastinare il più possibile le azioni repressive che i Comandi Germanici esigevano per avere le spalle dei combattenti protette e sicure.

Ho distribuito a povera gente, senza informarmi delle idee dei singoli, molti milioni. Ho cercato di salvare il salvabile. Fino a oggi l'ordine è stato mantenuto: ordine nel lavoro, ordine nei trasporti, nelle città.

I ribelli ci sono. Sono molti; ma, salvo qualche aliquota di illusi, la grande massa è composta di renitenti, disertori, evasi dalle galere e dai penitenziari. Gli alleati sanno perfettamente questo, ma sanno anche che queste formazioni sono utilissime per i loro sforzi di guerra. Poi, a liberazione avvenuta, succederà come in Grecia. Sul vostro giornale avete messo in giusta evidenza la disperata trasmissione dei partigiani greci in lotta contro i liberatori inglesi.

Era stata captata una radio trasmissione clandestina di partigiani greci in lotta contro i Britannici. Detti risalto alla notizia e feci distribuire alcune migliaia di copie del giornale nelle zone partigiane.

Dovevo, di fronte a una situazione che vedevo tragicamente precisa, disertare il mio posto di responsabilità? Leggete: sono i giornali del sud. Mussolini prigioniero dei Tedeschi. Mussolini impazzito. Mussolini ammalato. Mussolini con la sua favorita. Mussolini con la paralisi progressiva. Mussolini fuggito in Brasile.

Mussolini mi mostrava i ritagli. Ne leggeva i titoli ad alta voce. Ogni volta, dopo aver scandito le sillabe di ogni titolo, sollevava gli occhi per vedere la mia reazione. Poi strinse il pugno e lo batté con energia sul tavolo.

Invece sono qui, al mio posto di lavoro, dove mi troveranno i vincitori. Lavorerò anche in Valtellina. Cercherò che il mondo sappia la verità assoluta e non smentibile di come si sono svolti gli avvenimenti di questi cinque anni. La verità è una.
-Ma c'è ancora una speranza? Ci sono le armi segrete?

-Ci sono. Se non fosse avvenuto l'attentato contro Hitler nell'estate scorsa, si avrebbe avuto il tempo necessario per la messa in azione di queste armi. Il tradimento anche in Germania ha provocato la rovina, non di un partito ma della patria.

Più esattamente Mussolini disse: "ci sono: sarebbe ridicolo e imperdonabile bluffare". E quando pronunciò la parola tradimento esclamai: "ma noi vi siamo stati e vi saremo sempre fedeli". Egli allora mi posò la mano sul braccio e mi disse con accento triste: "quanti giuramenti! Quante parole di fedeltà e di dedizione! Oggi solo vedo chi era veramente fedele, chi era veramente fascista! Siete voialtri, sempre gli stessi fedeli delle ore belle e delle ore gravi. Facile era osannare nel 1938! Ho una tale documentazione di persone che non sapevano più che fare per piacermi! E al primo apparire della tempesta, prima si sono ritirati prudentemente per osservare lo svolgersi degli avvenimenti. Poi si sono messi dalla parte avversaria. Che tristezza. Ma che conforto finalmente poter vedere che vi sono i puri, i veri, i sinceri. Tradire l'idea… tradire me… ma tradire la Patria". Quindi proseguendo a parlare delle armi segrete tedesche dichiarò:

Le famose bombe distruttrici sono per essere approntate. Ho, ancora pochi giorni fa, avuto notizie precisissime. Forse Hitler non vuole vibrare il colpo che nella assoluta certezza che sia decisivo.
Pare che siano tre, queste bombe e di efficacia sbalorditiva. La costruzione di ognuna è tremendamente complicata e lunga. Anche il tradimento della Romania ha influito, in quanto la mancanza della benzina è stata la più terribile delle cause della perdita della supremazia aerea. Venti, trentamila apparecchi fermi o distrutti al suolo. Mancanza di carburante. La più tremenda delle tragedie.
-Duce, pensate che Inglesi e Americani possano vedere i Russi arrivare nel cuore dell'Europa? Non sarà possibile una presa di posizione…
-I carri armati che penetrano nella Prussia Orientale sono di marca americana.

A questo punto Mussolini volle precisare che non riteneva ormai più possibile sperare in un capovolgimento del fronte. Disse anche: "forse Hitler si illude". Poi aggiunse: "eppure si sarebbe ancora in tempo se...". Alzò le sopracciglia, fece un ampio gesto con le mani, come per farmi capire: "tutto è possibile". Quindi riprese:

Il compito degli alleati è di distruggere l'Asse. Poi...
-Poi?
-Ve l'ho detto. Scoppierà una terza guerra mondiale. Democrazie capitalistiche contro bolscevismo capitalistico. Solo la nostra vittoria avrebbe dato al mondo la pace con la giustizia. Mi hanno tanto rinfacciato la forma tirannica di disciplina che imponevo agli Italiani. Come la rimpiangeranno. E dovrà tornare se gli Italiani vorranno essere ancora un popolo e non un agglomerato di schiavi.
E gli Italiani la vorranno. La esigeranno. Cacceranno a furor di popolo i falsi pastori, i piccoli malvagi uomini asserviti agli interessi dello straniero. Porteranno fiori alle tombe dei martiri, alle tombe dei caduti per un'idea che sarà la luce e la speranza del mondo. Diranno allora senza piaggeria e senza falsità: Mussolini aveva ragione.
Non farete un articolo. Riprendete da questi appunti quello che vi ho detto. Dopo domani mattina mi porterete il dattiloscritto. Se ne avrò tempo riprenderemo fra qualche giorno questo lavoro.-

Dissi al Duce che in anticamera era il mio redattore capo, già direttore di un settimanale di Brescia. Mussolini lo fece chiamare. Rimanemmo ancora dieci minuti in udienza.
Ho terminato stanotte 21-22 Aprile queste note che porterò domani al Duce. Per mancanza di carta, ho dovuto scrivere le ultime quattro cartelle al rovescio delle prime quattro.
Spero di aver interpretato il pensiero del Duce.

Viva Mussolini!
Viva la Repubblica Sociale!
Viva il Fascismo!

Terminata la dettatura entrò il redattore capo sottotenente Lucarini.
Mussolini si intrattenne con noi ridendo e scherzando per circa un quarto d'ora. Quando uscimmo nell'anticamera fummo circondati da gerarchi e camerati. Vittorio Mussolini volle vedere la fotografia. Mezzasoma disse: "è ben raro che egli scriva delle dediche così".
Dopodiché mi accinsi al lavoro.
Lavorai tutta la notte al giornale. Quel numero del 21 aprile però non uscì più. La notte seguente misi in ordine gli appunti. Lavorai come potei. Tre allarmi aerei; tre volte la luce si spense. La mattina del 22 alle 11 tornai in prefettura. Mussolini era fuori.
Fece ritorno alle 12:40. Attraversò l'anticamera con passo rapido. Rispose con aria stanca ai nostri saluti. Quando fu sulla soglia della sua stanza da lavoro si voltò e mi fece cenno di attendere.
Barracu,[18] dopo una decina di minuti mi introdusse da lui. Stava mangiando. Avevano portato un cabaret con una zuppiera. Sorbì alcune cucchiaiate di minestra. Mangiò un po' di verdura, un pezzettino di lesso, due patate e una carota bollite. Poi una mela. Bevve due dita di acqua minerale. Quindi si volse verso di me e disse:
-Fatemi vedere il vostro lavoro.
Scostò delle carte. Lesse con attenzione, lentamente. Il suo volto aveva visibili tracce di stanchezza. Alla distanza di sole 48 ore, sembrava molto invecchiato. Corresse e tracciò molti segni, come risulta dal dattiloscritto. Alla fine mi disse:
-Va bene. Ci rivedremo forse in questi giorni. Qualunque cosa accada, non fate vedere ad alcuno questo scritto. Se dovesse accadere il crollo, per tre anni tenetelo nascosto. Poi fate voi, secondo le vicende e secondo il vostro criterio. Ora andate.
Salutai senza poter dire una parola. Mi sorrise e fece un gesto di arrivederci.
Uscii dalla prefettura con l'animo in tumulto.
Non dovevo più rivederlo.
Milano, 22 aprile 1946.

FOTO CON DEDICA

DATTILOSCRITTO

Intervista con il DUCE.

Milano, Prefettura Repubblicana, 20 aprile XXIII

Alle ore 19,25 del 20 aprile XXIII, fui ricevuto dal DUCE nel Suo Gabinetto alla Prefettura di Milano.

Non ricevo il Duce dall'ultima Udienza che volle concedermi in occasione della presentazione del copione ultimato del soggetto su Mazzini, e cioè il 21 di agosto XXII.

Ho trovato il Duce in ottimo stato di salute e leggermente ingrassato. Egli indossava una divisa grigio verde senza decorazioni e senza gradi, se si eccettuano le cordelline rosse di Capo.

Gli offersi la raccolta del Giornale (tutte l'ediziono Milanese) nonché i grafici della diffusione, della vendita, delle lettere ricevute. Gli consegnai diverse lettere di fascisti, di combattenti e di giovanissimi.

Ebbi la grande gioia e la impagabile soddisfazione di avere il Suo alto elogio, specialmente per i tre numeri illustratissimi dedicati a Stellasse, Pupullo e Bezzetta.

Il Duce si degnò altresì di darmi una Sua grande fotografia con una dedica che stracompensa il poco che ho fatto in questi diciotto mesi per Lui e per l'Idea.

Egli volle chiedermi che cosa potessi desiderare da Lui. Gli chiesi di aiutare due camerati in particolari gravi condizioni economiche: dispose subito due sussidi straordinari di lire Diecimila per ciascuno. Lo pregai inoltre di voler considerare il lavoro appassionato di alcuni Collaboratori del "Popolo": Egli non solo acconsidicesse, ma dimostrò di aver letto ed apprezzato gli articoli di diversi collaboratori ai quali volle che trasmettessi il Suo elogio.

Mi feci allora coraggio e Gli chiesi:

— Duce, permettete che Vi rivolga alcune domande?

Il Duce si alzò, mi venne vicino, mi mise una mano sulla spalla fissandomi negli occhi e, con un accento ed una espressione in tutto il Suo volto che non dimenticherò mai, mi chiese:

— Intervista o testamento?

La grande emozione e la grande commozione che mi avevano colpito mi impedirono la risposta. Attraverso le lacrime che mi sgorgarono irrefrenabili vidi il Suo viso illuminato da un sorriso paterno.

— Sedetevi qui... Ecco una penna e della carta. Sono disposto a rispondere alle domande che mi farete.

Con il cervello in fiamme ed il cuore in tumulto, mi sedetti alla Sua sinistra. La Sua bianca mano un pò grassoccia era vicina alla mia e dovetti far forza per non accarezzarla. Cento idee mi si affollavano nel cervello, ma tutte imprecise. Dissi:

— Io Duce, quali sono i Vostri ordini in questa situazione ?

— Voi cosa fareste?

Debbo aver fatto un gesto istintivo di sorpresa. Mussolini mi toccò il braccio e sorrise di nuovo.

— Non Vi stupite: faccio questa domanda a tutti. Desidero sentire il Vostro parere.

— Duce, non sarebbe bello fare un quadrato attorno a Voi e al Garibaldino dei Fasci di Combattimento ed aspettare con le armi in pugno i nemici ? Siamo in tanti, fedeli, armati...

— Certo sarebbe la fine più desiderabile. Ma non è possibile fare sempre ciò che si vuole. Ho in corso delle trattative. Il Cardinale Schuster fa da intermediario. Non sarà versata una goccia di sangue, un

trapasso di poteri. Per il Governo, il passaggio fino in Valtellina do_
ve Onori sta preparando gli alloggiamenti. Andremo anche noi in monta_
gna per un pò di tempo.

Os.i interrompere.

« Vi fidate, Duce, del Cardinale"

Il Duce alzò gli occhi e fece un gesto con le mani.

« E' viscido, Io non posso dubitare dell parola di un Ministro di Dio.
E' la sola strada che debbo prelare. Per me è comunque finita. Non ho
più il diritto di esigere sacrifici dagli I... '' '.

.. ci vogliamo seguire la Vostra sorte.

« Lavate ottimi.... La vita dell'Italia non termina in questa setti ma_
na e in questo mese. L'Italia si rialleverà. E' questione di anni,
di decenni, forse. La risorgerà, e sarà di nuovo grande come l'avevo
voluta io. Sarete carete ancora utili per il Paese. Trasmetterete ai
... e ai nipoti la verità della nostra fine, quella verità che è
stata falsata, svisata, camuffata da troppi cattivi, da troppi mal_
vagi, da troppi venduti e anche da qualche piccolo aliquota di illu_
si.

La sua voce aveva i toni accalilici che tante volte aveva udito nei suoi
discorsi.

« Dicano che ho errato, che dovevo conoscere meglio gli uomini, che ho
perduto la testa, che non dovevo dichiarare la guerra alla Francia e
all'Inghilterra. Dicano che mi sarei dovuto ritirare nel 1938. Dicano
che non dovevo fare questo e che non dovevo fare quello. Oggi è faci_
le profetizzare il passato. Una argomentazione che la storia dovrà
scrupolosa per escludere. Voglio solo dire che a fine aprile e ai pri_
mi di giugno del 1940 le critiche venivano fatte anche per cridare
allo scandalo di una neutralità definita ridicola, inpolitica, sorpren_
dente. La Germania aveva vinto. Noi non solo non avremmo avuto al_
cun compenso, ma saremmo stati certamente, in un periodo di tempo più
o meno lontano, invasi e schiacciati.

E cosa fa Mussolini? È quello si è rammollito. E che occasione d'oro
così non si sarebbe mai più presentata. Così dicevano tutti e special_
mente coloro che adesso gridano che si doveva rimanere neutrali e che
solo la mia negligenza e la mia libidine di potere e la mia debolezza
nei confronti di Hitler aveva portato alla guerra. La verità è una:
non ebbi pressioni da Hitler. Hitler aveva già vista la partita senti_
mentale. Non aveva bisogno di noi. Non si poteva rimanere neutrali se
volevamo mantenere quella posizione di parità con la Germania che fino
allora avevamo avuta. I patti con Hitler erano chiarissimi. Ho avuta
ed ho per lui la massima stima. Bisogna distinguere tra Hitler e alcuni
dei suoi uomini più in vista. L'Europa divisa in due grandi zone di
influenza: nord e nord est influenza germanica, sud, sud est e sud
ovest influenza italiana. Cento e più anni di lavoro per la sistema_
zione di questo piano gigantesco. Comunque cento anni di pace e di
benessere. Non doveva forse vedere una speranza e non anche una solu_
zione di questo genere e di questa portata? In cento anni di educazio_
ne fascista e di benessere materiale, il Popolo italiano avrebbe avuta
la possibilità di ottenere una forza di numero e di spirito da contra_
bilanciare efficacemente quella oggi preponderante della Germania.
Una forza di trecento milioni di europei, di veri europei, perché mi
rifiuto di definire europei gli agglomerati balcanici e quelli di
certe zone della Russia anche nelle stesse vicinanze della Vistola, una
forza materiale e spirituale da manovrare verso l'eventuale nemico di
Asia e di America. Solo la vittoria dell'Asse ci avrebbe dato diritto
di pretendere la nostra parte dei beni del mondo, di quei beni che
sono in mano a pochi ingordi, e che sono la causa di tutti i mali, di
tutte le sofferenze e di tutte le guerre. La vittoria delle potenze co_
sidette alleate non darà al mondo che una pace effimera e illusoria.
Per questo voi miei fedeli dovete sopravvivere e mantenere nel cuore
la Fede. Il mondo, me scomparso, avrà bisogno ancora della Idea che

è stato e sarà la più audace la più originale e la più mediterranea ed europea delle idee. Non ho bluffato quando affermai che l'Idea Fascista sarà l'Idea del Secolo XX. Non ha assolutamente importanza una eclissi anche d un lustro, anche di un decennio. Sono gli avvenimenti in parte, in parte gli uomini con le loro debolezze che oggi provocano questa eclissi. Indietro non si può tornare. La storia mi darà ragione.

Il Duce tacque. I suoi occhi fissavano lontano. Crollò alcune volte la testa come per scuotere un pensiero molesto. Domandai, dopo qualche istante di silenzio:

« Mio DUCE, avete detto che l'eventuale vittoria dei nostri nemici non potrà dare una pace duratura. Essi nella loro propaganda affermano...

- Indubbiamente abilissima propaganda, la loro. Sono riusciti a convincere tutti, in massa, a volte... Ma il colmo è che hanno ottenuto che i proletari, i poveri, i bisognosi di tutto, si schierassero anima e corpo dalla parte dei plutocrati, degli affamatori, del grande capitalismo. La vittoria degli alleati riporterà indietro la linea del fronte delle rivendicazioni sociali. La Russia? Il capitalismo di stato russo (ormai è superfluo insistere sulla favola bolscevica) è la forma più spinta e meno socialista di un ibrido capitalismo che si può solamente sostenere in Russia appoggiato all'ignoranza al fatalismo e alle nataje di cosacchi che hanno lasciato lo knut per il mitra. Questo capitalismo russo dovrà cozzare fatalmente con il capitalismo anglosassone. Sarà allora che il Popolo italiano avrà la possibilità di risollevarsi e di imporsi. L'uomo che dovrà giocare la grande carta...

- Sarete Voi, Duce...

- Sarà un giovane. Io non sarò più. Lasciate passare questi anni di bufera. Un giovane sorgerà. Un puro. Un capo che dovrà immancabilmente gettare le Idee del Fascismo. Dell' Evasione e non lotta di classe; certo del Lavoro e socializzazione; la proprietà sacra fino a che non diventi un insulto alla miseria; cura e protezione dei lavoratori, che vivamente dei vecchi e degli invalidi; cura e protezione delle Madre e dell'Infanzia; assistenza fraterna ai bisognosi; eguaglianza in tutti i campi; lotta contro l'ignoranza e contro il servilismo verso i potenti; potenziamento, se si sarà ancora in tempo, dell'autarchia, unica nostra speranza fino al giorno utopistico della suddivisione tra tutti i popoli della materia prima che Iddio ha dato al mondo; esaltazione dello spirito di orgoglio di essere italiano; educazione in profondità e non purtroppo in superficie come è avvenuto per colpa degli avvenimenti e non per deficenza ideologica. Verrà il giovane puro che troverà i nostri postulati del 1919 e i punti di Verona del 1945 freschi e audaci e degni di essere seguiti. Il Popolo allora avrà aperto gli occhi e lui stesso decreterà il trionfo di quelle Idee che troppi interessati non hanno voluto che comprendesse ed apprezzasse e che ha creduto ribattute fatte contro di lui, contro i suoi interessi morali e materiali. Abbiamo avuto diciotto secoli di invasioni e di miserie e di denatalità e di serraggio e di lotte intestine e di ignoranza. Ma più di tutto di miserie e di denutrizione. Venti anni di Fascismo e settanta di indipendenza non sono bastati per dare all'anima di ogni italiano quella forza occorrente per superare la crisi e per comprendere il vero. Le occasioni, magnifiche e impressionanti, non contano. Questa o ieri, cominciata nel 1939 non è stata superata dal Popolo italiano. Risorgerà, ma la convalescenza sarà lunga e triste e numi alle ricadute. Io sono come il grande clinico che non ha saputo fare la diagnosi esatta e che non ha più la fiducia dei famigliari dell'importante degente. Molti medici si affollano per la successione. Molti di questi sono già conosciuti per inetti; altri non hanno che impronititudine e gola di guadagno. Il nuovo dottore deve ancora apparire. E quando sorgerà dovrà riprendere le ricette mie. Dovrà solo saperle applicare meglio. Un accusatore dell'ammiraglio di Persano al quale fu chiesto che colpa secondo lui aveva l'ammiraglio: "quella di aver perduto!" rispose. Così io. No qui delle tali prove di aver perduto sos tutte le mie forze di impedire la guerra che mi permetti di essere perfettamente tranquillo e sereno sul giudizio dei posteri e sulle conclusioni della storia. Non so se Churchill è come me tranquillo e sereno. Ricordatevi bene: abbiamo sgomentato il mondo dei grandi affaristi e dei grandi speculatori. Essi non hanno voluto che ci fosse data la possibilità di vivere. Se le vicende di questa guerra fossero state favorevoli all'Asse, io avrei proposto al Führer, a vittoria ottenuta, la socializzazione mondiale, e cioè: frontiere esclusivamente a carattere storico; abolizione di ogni dogana; libero commercio tra paese e paese regolato da una convenzione mondiale; moneta unica e conseguentemente l'oro di tutto il mondo di proprietà comune e così tutte le materie prime, suddivise secondo i bisogni dei diversi paesi; abolizione reale e radicale di ogni armamento; colonie: quelle evolute erette a stati indipendenti; le altre suddivise tra quei paesi più adatti per densità di popolazione o per altre ragioni, a colonizzare e a civilizzarle; libertà di pensiero e di parola e di scritto regolate da limiti: la morale, per prima cosa, ha i suoi diritti. Ogni Religione liberissima di propagandare: siamo stati i primi, i soli a ridare lustro e decoro e libertà e autorità alla Chiesa. A distanza di questo straordinario spettacolo: la stessa Chiesa allesta ai suoi nemici più accerrimi. Nel Sud, nelle zone cosidette liberate, l'anticlericalismo ha ripreso in pieno il suo turpe lavoro. L'unica è, in confronto a pubblicazioni di questi ultimi tempi, un bollettino parrocchiale. Anche in questo campo gli stessi uomini che oggi non vogliono vedere saranno unanimi a deprecare le loro pazzia o la loro malafede.

Se la vittoria avesse arriso a noi, questo programma avrei offerto al mondo e ancora una volta sarebbe stato Roma a dare la luce all'Umanità.

Ancora una volta il DUCE tacque. Si alzò e si avvicinò alla finestra. Avevo cercato di fissare gli appunti nel modo più esatto. Le cartelle erano ormai più di trenta. Sentivo in me qualcosa di indicibile: una paura di non saper certamente riferire le Sue parole e un grande orgoglio di essere il fortunato ad ascoltare le parole del Grande Uomo.

- Mi dissero che non avrei dovuto accettare dopo l'armistizio di Badoglio e la mia liberazione, il posto di Capo dello Stato e del Governo della Repubblica Sociale. Avrei dovuto ritirarmi in Isvizzera o in uno Stato del Sud America. Avevo avuta la lezione di 25 luglio. Non bastava forse? Era libidine di potere, la mia? Ora chiedo: avrei dovuto davvero estranierei? Ero fisicamente sgambato. Potevo chiedere per lo meno un periodo di riposo. Avrei visto lo svolgersi degli avvenimenti. Ma cosa sarebbe successo? I Tedeschi erano nostri alleati. L'alleanza era stata firmata e mille volte ci era giurata reciproca fedeltà, nella buona e nella cattiva sorte. I Tedeschi, qualunque errore possano aver commesso erano, l'otto di settembre, in pieno diritto di sentirsi e calcolarsi traditi. I traditori del 1914 erano gli stessi del 1943. Avevano il diritto di comportarsi da padroni assoluti. Avrebbero senz'altro nominato un loro governo militare di occupazione. Cosa sarebbe successo? Terre bruciate. Carestia, deportazioni in massa, sequestri, spese di occupazione, lavori obbligatori. La nostra industria, i nostri valori artistici, industriali, privati tutto sarebbe stato bottino di guerra. Ho riflettuto molto. Ho deciso ubbidendo all'amore che io ho per questa divina adorabile terra. Ho avuto precibissimo la convinzione di firmare la mia sentenza di morte. Non aveva importanza più. Dovevo salvare il più possibile vite ed averi, dovevo cercare ancora una volta di fare del bene al Popolo d'Italia. E le monete di occupazione, i marchi di guerra che già erano stati messi in circolazione, sono stati per mia volontà ritirati. Mi sono imposto. Ho gridato. Oggi saremmo con miliardi di carta buona, per bruciare. Invece nel Sud, i governanti legali, hanno accettato le spese di occupazione. La nostra lira nel sud non ha praticamente più valore. La più tremenda delle inflazioni dilaga quelle regioni liberate. Quando arriveranno nel nord, in questo nord che la Repubblica Sociale ha governato malgrado bombardamenti, interruzioni di strade, azioni di partigiani e di ribelli, malgrado la mancanza di generi alimentari e di combustibili, in questo nord dove il pane costa ancora questo sopratutto diciotto sensi fa e dove si mangia alla mensa del Popolo anche a otto lire, quando arriveranno a liberare il nord, porteranno, con altri mali, la inflazione. Il pane salirà a 100 lire il chilo e tutto in proporzione. Mi sono imposto, e ho avuto amici che mi hanno ubbidito. Non si è stampato che il minimo occorrente, di moneta. Ho però autorizzato le banche ad emettere degli assegni circolari, questi tanto criticati assegni. Non sono tesaurizzabile: ecco la loro importanza. La lira moneta automaticamente viene richiesta, acquista credito, le rendite ed i consolidati sono a 120, e dobbiamo frenare un ulteriore aumento. Tutto questo ho fatto. Ho impedito che i macchinari venissero trasportati in Baviera. Ho cercato di far tornare migliaia di soldati deportati, di lavoratori rastrellati. Anche su questo punto occorre parlar chiaro: ho dei dati ufficiali inoppugnabili. Oltre trecentocinquantamila lavoratori hanno chiesto volontariamente di andar a lavorare in Germania, e hanno mandato, in quattro anni, alcuni miliardi alle famiglie. Altri centoventimila operai sono stati arruolati dalla Todd. Dalla Germania sono tornati oltre quattrocentomila soldati ed ufficiali prigionieri, o perché hanno optato per noi, o per mio personale intervento nato secondo i casi più dolorosi. Ho impedito molte fucilazioni, anche quando erano giuste. Ho cercato, con tre decreti di amnistia e di perdono de procrastinare il più possibile le azioni repressive che i Comandi germanici esigevano, ad avere le spalle dei combattenti protette e sicure. Ho distribuito a parer mio, senza informarmi delle idee dei singoli, molti milioni. Ho cercato di salvare il salvabile. Fino ad oggi l'ordine è stato mantenuto: ordine nel lavoro, ordine nei trasporti nelle città. I ribelli ci sono, sono molti; ma salvo qualche aliquota di illusi, la grande massa è composta di renitenti, di disertori, di evasi dalle galere e dai penitenziari. Gli alleati sanno perfettamente questo, ma sanno anche che queste formazioni sono utilissime per i loro scopi di guerra. Poi, a liberazione avvenuta, succederà come in Grecia. Dal vostro giornale avete messo in giusta evidenza la disperata trasmissione dei partigiani greci in lotta con i liberatori inglesi. Davvero, di fronte ad una situazione che vedevo tragicamente precisa, disertare il mio posto di responsabilità? Leggete: sono giornali del due. Mussolini prigioniero dei tedeschi. Mussolini lapidato. Mussolini ammalato. Mussolini con la sua favorita. Mussolini con la paralisi progressiva. Una

solini fuggito in Brasile. Invece sono qui, al mio posto di lavoro, dove
mi troveranno i vincitori. Lavorerò anche in Valtellina. Cercherò che
il mondo sappia la verità assoluta e non smentibile di come si sono
svolti gli avvenimenti di questi cinque anni. La verità è una.
– Ma DUCE...c'è ancora una speranza? Ci sono le armi segrete?
– Ci sono. Se pur fosse avvenuto l'attentato contro Hitler nell'estate
scorsa, si avrebbe avuto il tempo necessario per la messa in azione di
queste armi. Il tradimento anche in Germania ha provocato la rovina non di
un partito, ma della Patria. Le famose bombe distruttrici sono per essere
apprestate. Ne abbiamo pochi giorni fa avuto notizia precisissima. Forse
Hitler non vuol vibrare il colpo che nella assoluta sua certezza che sia decisi_
vo. Pare che siano tre, queste bombe, e di efficacia stupenditiva. La
costruzione di ognuna è tremendamente complicata e lunga. Anche il tradi_
mento della Rumania ha influito, in quanto la mancanza della benzina è
stata la più terribile delle cause della perdita dell'supremazia aerea.
Venti, trentamila apparecchi fermi e distrutti al suolo, in cub a di car_
burante. La più terribile delle tragedie.
– Duce, ... pensate che i vicini si accorgeranno ... possano vedere i Russi
arrivare nel cuore dell'Europa? Non sarà possibile una presa di posizio_
ne...
– I carri armati che penetrano nella Prussia Orientale sono di marca ame_
ricana. Il compito degli alleati è di distruggere l'Asse. Poi...
– Poi?
– Va liberarsi, compiersi, una terza guerra mondiale. Democrazia capitali_
stica contro bolscevismo capitalistico. Solo la sua tre vittoria avrebbe da_
to la pace per la giustizia. Si sono tanto rinfacciati la forma tirannica
del Fascismo, che imponeva agli Italiani, come la spiegheranno, i dovrà
ritornare, ad gli Italiani verranno a dato ... di Popolo a non un secolo
verso la schiavitù. Tali Italiani la rompono. La maledirranno. Uccideranno
i Capi di popolo i falsi pastori, i piccoli Calvari verrà asserviti

ti agli interessi dello straniero. Porteranno fiori alle tombe dei mar_
tiri, alle tombe dei caduti per un'Idea che sarà la luce e la speranza
del mondo. Diranno allora, senza piangerlo e senza falsità: Mussolini
aveva ragione.

Il DUCE a questo punto prese le cartelle dove aveva messo gli appunti.
« Non farete un articolo, riprendete da questi appunti quello che
vi ho detto. Dopodomani mattina mi porterete il dattiloscritto. Se
avrò tempo riprenderemo f u qualche giorno questo lavoro.

Dissi al Duce che lo stenografo era il mio Redattore Capo, già Diretto_
re di un settimanale di Brescia. Mussolini lo fece chiamare, ritenemmo
ancora dieci minuti in ud esso.

Ho terminato stanotte, 21/22 aprile queste note, che porterò domani
al DUCE. Per mancanza di carta, ho dovuto scrivere le ultime 4 cartel_
le al rovescio delle prime 4.

Spero aver interpretato il pensiero del DUCE.

VIVA MUSSOLINI!
VIVA LA REPUBBLICA SOCIALE!
VIVA IL FASCISMO!

NOTE

[1] Paolo Zerbino, Ministro dell'Interno della RSI.

[2] La Legione Autonoma Ettore Muti, corpo militare con compiti di polizia, agli ordini di Francesco Colombo, questore nella RSI.

[3] Junio Valerio Borghese, comandante della Decima MAS.

[4] La Guardia Nazionale Repubblicana, agli ordini di Renato Ricci, istituita durante la RSI con compiti di gendarmeria.

[5] Ferdinando Mezzasoma, Ministro della Cultura Popolare nella RSI.

[6] Giampietro Domenico Pellegrini, Ministro per le Finanze nella RSI.

[7] Alessandro Pavolini, Segretario del Partito Fascista Repubblicano.

[8] Datazione del calendario fascista. In uso durante l'era fascista che ha inizio il 29 ottobre 1922 (anno I) in seguito alla marcia su Roma. Utilizzata nel dattiloscritto, quando Cabella in seguito riscriverà l'intervista per consegnarla all'editore, corregge le date secondo il calendario gregoriano ripristinato alla caduta del fascismo.

[9] Mussolini fu direttore del giornale *l'Avanti* fino al 1914 e quindi fondatore del *Popolo d'Italia*.

[10] Alfredo Ildefonso Schuster, arcivescovo di Milano.

[11] Il generale Onorio Onori. Qui Mussolini si riferisce al Ridotto Alpino Repubblicano, dove progettava di ripiegare.

[12] Carlo Pellion di Persano. Durante la terza guerra d'indipendenza, guidò la flotta navale italiana nella battaglia di Lissa, nell'Adriatico, da cui tornò perdente.

[13] Interessante notare come dalla fine della seconda guerra mondiale, queste idee siano argomenti attuali; oggetto di discussione nei parlamenti; in parte messe in atto, attraverso accordi internazionali ancora in essere o ancora in via di

realizzazione e trattativa (UE, Schengen, euromoneta, START I e II, SORT).

[14] Rivista conosciuta per la sua posizione anticlericale prima e antifascista poi.

[15] Il 25 luglio del 1943 il Gran Consiglio del Fascismo votò per la deposizione di Mussolini dalla guida del Regno d'Italia, il suo arresto e la caduta del fascismo. A capo del governo, re Vittorio Emanuele III pose Pietro Badoglio.

[16] L'otto settembre del 1943 Badoglio proclama l'armistizio di Cassibile: l'Italia rompe gli accordi dell'Asse e si arrende agli Alleati.

[17] Società fondata nel 1933 dall'ingegnere tedesco Fritz Todt, impegnata nella costruzione della rete autostradale in Germania. Todt divenne in seguito ministro del Reich e la società un'organizzazione militare impiegata in progetti destinati alla difesa (Atlantikwall).

[18] Francesco Maria Barracu, Sottosegretario alla Presidenza del Consiglio nella RSI.

Lightning Source UK Ltd.
Milton Keynes UK
UKHW030654021121
393250UK00015B/979

9 780368 972980